ATAQUES DE PÁNICO

Guía práctica para salir de ellos

Lic. Ana María Fassi

© ATAQUES DE PÁNICO   Guía práctica para librarse de ellos

ISBN papel: 978-84-686-5487-4

ISBN digital: 978-84-686-5488-1

Impreso en España

Editado por Bubok Publishing S.

Dedicatoria

A mi querido esposo que siempre apoyó con respeto y confianza mis proyectos, a mis maravillosos hijos, hoy convertidos en mujeres, hombres y padres estupendos y de quienes siempre aprendo a ser mejor persona y madre.

A mis padres que me guiaron por el camino de la vida a través de sus valores, escucha y guía.

No puedo dejar de nombrar a mi yerno y nuera por ser los mejores compañeros que mis hijos pudieran tener.

A mis profundamente amados nietos que me permitieron redescubrir mi rol de madre-abuela desde el lugar donde no hay prisas ni apuros y simplemente se puede ser en el aquí y ahora, dando y recibiendo desde lo más puro del alma.

A todos mis pacientes, porque a ellos debo mi crecimiento profesional y quienes anónimamente han aportado a este libro.

A todos ellos mi más profundo afecto y respeto.

Índice

Capítulo 3

Capítulo 4

Capítulo 5

Prólogo

Este libro está basado en mis más de veinte años de experiencia como terapeuta en trastornos de ansiedad. La angustia con que los pacientes viven estas crisis me ha llevado a buscar técnicas de rápida resolución para estos trastornos. Para lograrlo me he apoyado en técnicas de PNL, gestálticas, cognitivas, conductuales, TIC, EMDR....

El fruto de mis estudios y de los resultados conseguidos los expongo en este libro a fin de tenderles una liana a todas aquellas personas que sufren estos ataques.

El primer ataque de pánico cuenta con el factor sorpresa, es totalmente inesperado y tiene el poder de cambiar doblemente nuestras vidas. Por un lado se aprende a tener intenso miedo a algo concreto que puede repetirse, con lo que estaremos, a partir de ese momento, acompañados por la angustia y, por otro lado, y este es una aspecto positivo, nos da la oportunidad de cambiar nuestra enfermante manera de vivir, respetando nuestro cuerpo, nuestras necesidades y aprendiendo a decir NO a las presiones que exigen de nosotros más energía de la que nuestro cuerpo dispone.

Algunas cosas que usted va a leer son ciertas, otras están dibujadas a fin de ser didácticas, lo que las hace más o menos exactas.

No obstante la pregunta que hay que hacerse no es si es cierto o exacto, sino si funciona. La garantía de que sí lo hace, son mis pacientes y su gratificante experiencia de resolución.

No obstante, debo aclarar que tanto el terapeuta en una sesión, como en este caso, la autora al escribir este libro, funcionan como guías o educadores no como " cambiadores". El cambio es interno, tiene que ser deseado, debe llevar una fuerte motivación para que se produzca. Una vez que usted siente la necesidad de cambiar, debe reconocer que siempre, para ganar algo hay que perder algo. En el caso de cualquier terapia lo que debe perder es el "pseudo" estado de comodidad, ese estado en el que sí bien siente algún grado de molestia, la balanza entre la comodidad o el beneficio secundario de la enfermedad y el malestar está equilibrada. Este pseudo estado de equilibrio, le convence de que usted puede con el problema.

Cuando decide buscar ayuda porque siente que necesita algún cambio en su vida, la balanza ya se desequilibró, desapareció ese pseudo estado. Falta ahora saber si todo lo que sostiene el malestar emocional está lo suficientemente fracturado como para facilitar el cambio a otro estado distinto. Si así fuera, sentirá una fuerza interior que lo lleva a realizar las sugerencias de la autora de este libro. Es en este momento, en el que comienza el cambio, que sentirá nuevas energías, su motivación lo llevará a realizar modificaciones en sus conductas y podrá ver como a su alrededor algunas cosas están cambiando.

Como dije, sí me permite, seré su guía. Y si usted desea, necesita y quiere no tener más ataques de pánico, lea este libro capítulo por capítulo, identifíquese con sus ataques, conozca a su enemigo para poder vencerlo, sepa cómo y por qué se producen los síntomas y dé los pasos necesarios para sacarse de encima esta terrible espada de Damocles.

Tenga siempre presente que, como decía Herman Hesse *"la raíz de todos nuestros miedos es la ignorancia"*.

Capitulo 1

LUEGO DE UN ATAQUE DE PÁNICO

La preocupación

"Licenciada vengo a buscar ayuda, usted es mi último recurso. Ya agoté todo, mi médico de cabecera que me derivó al cardiólogo, el cardiólogo descartó problemas de corazón, me derivó al psiquiatra quién me recetó medicamentos para la ansiedad, con los que más o menos la estoy llevando, pero siempre está el miedo constante a un nuevo ataque. Y este no se va con la medicación." Este o muy similar es el introito con que se presentan a la consulta los pacientes afectados por ataques de pánico".

El primer pensamiento durante un ataque es "algo grave me está pasando" frecuentemente se piensa en un ataque cardíaco. De ahí la preocupación y la inmediata consulta al médico, quién va descartando todas las posibles patologías hasta llegar a la conclusión de que el paciente está clínicamente sano.

"Cuando sufrí mi primer ataque, fue tan intenso, que me quedo el terror de que vuelva a repetirse. Cuando el médico me dijo que físicamente no tenía nada, me sentí muy frustrada y angustiada. Tenía una gran necesidad de que me dijera de que algo en mí estaba mal. Mi corazón, mi estómago, mi forma de respirar, algo. No podía creer que estaba sana". Esto comentaba una paciente. Hay personas, que a pesar de haberle realizado todas las analíticas y estudios que informan que están clínicamente sanas,

no pueden convencerse y siguen deambulando de médico en médico buscando una razón física, una enfermedad, que justifique semejantes crisis.

Posteriormente su médico o el especialista lo deriva al psiquiatra, quién lo medica por un largo tiempo, con todas las consecuencias indeseadas que esta medicación produce. Además, desde la primera prescripción hasta llegar a la dosis o a la medicación que el cuerpo de ese paciente en particular tolera sin mayores molestias pasa un largo tiempo, desde el punto de vista del paciente que está sufriendo, quien siempre ignora los efectos secundarios que a largo plazo la medicación produce. No quiero decir con esto que no se deba medicar nunca, sostengo que la mayoría de los casos no necesita medicación. Sustento esta postura basada en mi experiencia clínica en esta patología. Dice Enric Corbera en su Curso de milagros[1]: *" Creer que algo de afuera me puede curar, es creer que algo de afuera me puede hacer feliz o creer que algo de afuera me puede salvar. Y esto es una ilusión"*.

Algunos clientes, además de ser medicados, tienen la suerte de ser derivados a un psicólogo, quién dependiendo de la corriente que siga, ayudará a lograr resultados a corto o largo plazo.

Otros, rechazan la medicación y buscan por su cuenta la ayuda de un psicólogo.

Finalmente, con la ayuda del psicólogo y la relación de confianza que se establece con él unido a las técnicas que le enseñan a detectar la llegada del ataque y a evitarlo, se convence de su buena salud.

---

[1] https://www.youtube.com/watch?v=RyO5XuUlkX8&feature=em-subs_digest-vrecs

Es importante dejar claro desde el primer momento, que nadie ha muerto de un ataque de pánico, si su corazón está sano, está preparado para soportar la presión a la que fue y será sometido.

Estos ataques suelen aparecer entre los 20 y 45 años. En general se presentan con más frecuencia en mujeres que en hombres.

Los síntomas que se presentan, que detallaré en el capítulo dos, son variados y no se dan todos en una misma persona. Para algunos serán más evidentes los síntomas relacionados con el sistema cardíaco, para otros los relacionados con el sistema digestivo, habrá quienes los identifiquen con el sistema respiratorio, etc. Sin embargo, podemos asegurar que los síntomas psicológicos relacionados con el miedo a morir o perder el control están siempre presentes.

Un ataque dura entre cinco minutos a media hora aproximadamente.

La frecuencia con que se dan las crisis también varía de persona en persona, desde un único episodio a una vez por semana o una vez por mes, durante un corto período de tiempo o durante años. Puede darse el caso también, que ocurra en determinados períodos, especialmente estresantes, de la vida de una persona.

En general podemos decir que quien sufre de un primer ataque de pánico, dependiendo de su personalidad, puede quedar marcada por el temor, y si estos ataques se repiten, terminarán invalidando a la persona de manera que no podría realizar normalmente las tareas habituales, y, como consecuencia, pueden cerrarse en sí mismos o buscar alguna persona que le de seguridad, que esté permanentemente a su lado, cosa que con el tiempo generará tensiones de importancia en su grupo familiar, laboral o social, además de disminuir la calidad de vida de la persona afectada y de su acompañante.

Con respecto al temor de morir en una crisis de ansiedad o ataque de angustia, podemos descartar totalmente esa posibilidad en una persona sana, detalle que reiteraré en varias oportunidades en este libro. No constan casos en la literatura médica de que alguna persona sana haya fallecido de un ataque de pánico.

Capítulo 2

¿QUÉ ES UN ATAQUE DE PÁNICO?

"Estoy sola, mirando por la ventana la nieve caer mientras pienso que hoy va a ser difícil salir a la ruta con los caminos nevados, si al menos hubiera alguien cerca para que me lleve... y si me pasa algo, de la manera que nieva no me encontrarán nunca...De pronto y sin aviso, el corazón comienza a latirme con más fuerza, el aire entra con dificultad a mis pulmones, las piernas amenazan con no sostenerme, las manos me tiemblan y siento un sudor frio, tengo vértigo y una sensación de desvanecimiento o de muerte inminente se apodera de todos mis sentidos junto a un miedo aterrador. No sé cuánto tiempo pasó hasta que me fui normalizando... Me pareció una eternidad".

Así describe una paciente el comienzo de un ataque de pánico. Son sensaciones reconocidas y reiteradas en el discurso de los que los sufren. Es percibido como un miedo tan grande que alcanza la calidad de pánico acompañado por la sensación de que algo grave le va a suceder. Pero lo más aterrador no es ataque en sí (para los que ya lo pasaron), sino el miedo constante de volverlo a sufrir.

Lo que siempre está presente, previo al ataque de pánico, es el alto nivel de estrés que sufre la persona junto a pensamientos incapacitantes y dependientes.

Los avisos previos

La vida actual nos lleva de las "narices". Exigencias personales, laborales, familiares y sociales hacen que estemos pendientes de lo que nuestro entorno necesita y no nos queda tiempo para "tomarnos cinco minutos" y relajarnos. Así día a día el estrés va desgastando nuestro cuerpo-mente sobre exigido, hasta agotar su nivel de tolerancia, por lo tanto, decide tomarse el descanso que nosotros, conscientemente, no le damos.

¿De qué manera se defiende nuestro organismo del ataque de auto exigencias? Unas personas con ataques de pánico, otros con atraques de histeria, otros con ataques cardíacos, o colon irritable, o crisis hipertensiva, o hipercolesterolemia, etc., en todos los casos es nuestro órgano más débil, el que se agota primero. Pero antes de agotarse estuvo mandando señales, señales que nuestras carreras cotidianas no nos dieron tiempo a atender. A veces faltó el aire, o sentimos un mareo, o tuvimos taquicardia que cesó rápidamente, otras nos sentimos débiles, o se nos subió la tensión en algunas oportunidades, otras tenemos un poco de acidez, otras nos llenamos de gases, o nos duele el estómago o tenemos dificultades para orinar, insomnio, ansiedad, resfríos continuos, diarreas, hiperactividad, o nuestra analítica nos muestra una subida del colesterol, etc., etc.

El único modo de comunicarse que nuestro cuerpo tiene con nosotros es a través de sensaciones orgánicas, a las que, generalmente, poca atención les prestamos, sin embargo él nos está hablando y nosotros tenemos sordera profunda. Nuestro cuerpo siente que para sobrevivir debemos parar el loco frenesí en el que nos encontramos. Y lo ignoramos, mientras tanto, se acerca una curva de 90 grados y nuestro vehículo se mueve a 200 km por hora...la muerte es inminente...pero nuestro cuerpo aprieta con firmeza el freno de mano.... y el coche se detiene.

Lo que no logró por las buenas, lo logró dándonos un susto fenomenal. Susto que si no hacemos cambios... volverá a repetir. Nos obligó a detenernos y, por primera vez en mucho tiempo, a pensar en nosotros, al menos, nos llevó al médico.

Algunas personas, unos pocos, se preocupan y con ayuda, logran cambios en su vida que respete más sus necesidades, otros cronifican el aviso, enfermando al órgano que hizo de campana, así una gastritis se transformó en ulcera, una subida de tensión ocasional en hipertensión, pequeños picos de colesterol en hipercolesterolemia, ansiedad sostenida en el tiempo en ataques de pánico, etc., etc....

Todos ellos comenzaron como avisos que ignoramos ya sea por "falta de tiempo" o porque no los percibimos como señales sino como consecuencias de una acción directa, como por ejemplo: gastritis, por comer mucho o mal o rápido; nervios, por la semana ajetreada... y así las excusas se van sumando hasta que nuestro organismo se siente muy vulnerable y se defiende de nosotros mismos y de los ataques constantes a nuestro bienestar.

La capacidad de elegir perdida

El estrés es una consecuencia de nuestra auto-exigencia que nos obliga cumplir con cánones personales: lograr metas, mandatos de nuestros jefes, de nuestras parejas explícitas o implícitas, las obligaciones de nuestros hijos o sus expectativas hacia nosotros, requerimiento de padres o amigos, etc.

En este punto es importante dejar claro que las demandas siempre son propias e internas (aunque parezcan provenir del exterior) y están potenciadas por nuestros pensamientos que comienzan con "tengo que" o "debo de" y que responden a un ideal o modelo a seguir aprendido de nuestros mayores en nuestra más tierna infancia. Así el "me gustaría terminar la carrera este año" se transforma en un "tengo que terminar la carrera este año" o "me gusta ver la cocina limpia" en "tengo que lavar los platos", o "a María le gustaría ir este fin de semana al cine" en "tengo que llevar a María al cine este sábado" o "mis padres me esperan este domingo" en "debo ir a ver a mis padres".

Sentimos estas auto-exigencias con sensación de pesar en el cuerpo porque nos demandan una energía de la que ya no disponemos, sin embargo ¿qué hacemos? Nos esforzamos y las realizamos. Así nos cargamos de mal humor cuando vamos al cine con María, no nos damos cuenta que contestamos mal a nuestros padres, o refunfuñamos mientras lavamos los platos a desgana o somos intolerantes con nuestros hijos.

¿Qué ha pasado? Hemos perdido la capacidad de elegir, hemos perdido la libertad de hacer lo que queremos sin darnos cuenta, mientras los "tengo" o "debo" han ocupado la mayor parte de nuestras horas. Así a las obligaciones cotidianas le sumamos otras no reales, sino ideales. Es verdad que tenemos la obligación de cumplir con nuestros horarios de trabajo, los niños también tienen una hora determinada para entrar al colegio, y que tenemos que dedicarle tiempo a nuestra pareja o padres. Pero ¿por qué sumarle más obligaciones a lo que en realidad son opciones o elecciones personales? Si no vamos con María al cine este fin de semana ¿nos pedirá el divorcio?, si no visitamos a nuestros padres este domingo ¿se disgustarán de por vida con nosotros? , si no terminamos nuestra carrera a tiempo ¿qué cosa terrible pasará? ¿De qué manera afectarán nuestra vida realmente? Es interesante detenernos y pensar en ello unos instantes, porque si no lo hacemos... nos puede sorprender un ataque de pánico, entre otras cosas.

¿Qué me pasa?

Las personas que sufren un ataque de pánico se sienten aterrorizadas sin causa aparente, a diferencia de una fobia, en la que hay un agente fóbico: arañas, multitudes, viaje en avión, lugares cerrados o abiertos, etc. Todo su cuerpo "siente" el miedo, todos sus sistemas se activan en defensa ante un ataque de.... nada. Pero no lo pueden evitar........... ¿O no saben cómo?

Mi teoría, basada en la observación de cientos de pacientes, es que las personas no tienen idea de lo que les está sucediendo mientras sienten que su cuerpo se desboca como un caballo asustado. Por lo tanto, mucha menos idea de qué hacer para pararlo. Para poder dominar al enemigo, primero hay que conocerlo.

El miedo intenso es muy difícil de controlar por el circuito en el que entran sus pensamientos. Una señal falsa (ya dijimos que no hay un agente fóbico) de alerta llega de golpe a la amígdala, en el cerebro (donde se encuentra la central del miedo) y la activa, desencadenando toda una serie de reacciones físicas y emocionales, bien conocidas por las personas que han sufrido un ataque de pánico.

Manual de instrucciones

Dijo Richard Bandler, uno de los creadores de la PNL, que cuando compramos un electrodoméstico leemos las instrucciones antes de ponerlo en marcha, sin embargo, los seres humanos vamos por la vida sin conocer como funcionamos.

Si queremos parar definitivamente nuestros ataques de pánico, debemos conocer algunos elementos que nos conforman, que nos hacen ser como somos, actuar como lo hacemos y sentir como sentimos. Me voy a extender un poco en este tema porque considero que es fundamental conocerlo para saber lo que le pasa a su cuerpo-mente en un ataque de pánico. Como dije previamente: para vencer a su enemigo, primero debe conocerlo. Prometo hacerlo lo menos tedioso posible. Comencemos por el cerebro, que no es uno solo ¿lo sabía?

"El cerebro" en realidad está compuesto por tres cerebros, cada uno de ellos formado en cada salto evolutivo del desarrollo filogenético de los seres vivos. Cada cerebro posee funciones y memoria propias, sin embargo están profundamente interconectados a nivel bioquímico y neuronal.

El primero en formarse fue el cerebro reptilineo o reptiliano o reptil. Su formación nos lleva a la prehistoria y a los primeros seres vivos sobre la tierra. Su existencia dependía de que se cumplan las funciones fundamentales para la vida: control de la respiración, del hambre y sed, de los latidos cardíacos, de la respiración. Funciona bajo la ley de "estímulo-respuesta". Este cerebro primitivo no piensa y no siente emociones. Su función es mantener la supervivencia. Actúa sobre el cuerpo, en nuestras funciones básicas para mantener la vida.

El segundo es el cerebro límbico y su desarrollo comienza con la evolución de los primeros mamíferos sobre la tierra. Este cerebro se extiende por encima del cerebro reptiliano. Su función es cuidar la progenie y para ello tiene que recordar aquellas situaciones que fueron peligrosas en un momento para poder prevenirlas. El cerebro límbico es la biblioteca de nuestros recuerdos emocionales. Sus funciones están relacionadas con los sentimientos: el miedo, la ira, el amor maternal, las relaciones sociales.... Uno de sus núcleos más importantes es la amígdala, quién recibe información de nuestros sentidos sobre el mundo exterior y los asocia con la memoria de emociones que el estímulo percibido nos despierta.

También recibe información de nuestro mundo interior a través de nuestros pensamientos y las emociones a ellos encadenadas.

Evalúa lo percibido y ante la mínima señal de peligro manda una señal al tálamo, a cargo de quién se encuentra el sistema nervioso autónomo o simpático, quién activará una variedad de respuestas corporales como el aumento de las pulsaciones, taquicardia, respiración superficial, sudoración, entumecimiento de las extremidades, liberación de hormonas, etc. Este circuito obliga a actuar primero y pensar después porque está en juego la supervivencia de la persona. (Es importante destacar que la velocidad de la información entre que es recibido el estímulo-señal de peligro y la orden de reacción al cuerpo por parte del tálamo es, para nuestra percepción, inmediata).

Mientras da la orden de actuar, el tálamo también remite la información recibida a través de la amígdala, a la neocorteza, nuestro tercer cerebro. Este es al que conocemos como el cerebro porque todas las imágenes lo muestran así, sucede que recubre los dos cerebros anteriores por lo que es el único que se ve.

Su desarrollo comienza con la aparición de los primates sobre la tierra, especialmente el homo sapiens y hasta la actualidad. Se lo llama neocorteza o neocórtex y es el cerebro racional. Este cerebro es el que nos permiten tener conciencia y control, desarrollar las capacidades cognitivas como memorización, concentración, resolución de problemas, y la capacidad de comunicarse a través de un lenguaje.

La neocorteza para procesar el mismo estímulo recibido por la amígdala necesita más tiempo ya que debe realizar distinciones y comparaciones, por ejemplo: discriminar si el ruido que escuché en la mitad de la noche que me erizó los pelos y casi me paraliza el corazón fue provocado por un ladrón que ingresó a mi casa o porque la ventana quedó abierta y el viento movió la cortina que rozó un mueble.

Ya conocemos básicamente nuestros tres cerebros y las funciones que ellos cumplen. Ahora continuaremos con la comprensión de nuestro proceso cerebral al momento de un ataque de pánico.

Decíamos que el tálamo, luego de dar las órdenes al sistema nervioso ante la señal de peligro enviada por la amígdala, transmite su información a la neocorteza, representante del nivel superior (o lógico) del procesamiento de la información. Es este cerebro racional quién determina la gravedad de la situación. Como veíamos, la neocorteza evalúa la situación y determina que en realidad no hay un peligro inminente, por lo que informa al tálamo que anule la orden de defensa.

Este segundo proceso (tálamo-neocortex), que es más lento que el primero (amígdala-tálamo), es perceptible físicamente porque los síntomas del ataque de pánico poco a poco van disminuyendo en intensidad hasta que se apagan.

Podemos comparar estos dos procesos, el primero de de la percepción del estímulo por la amígdala hasta que se disparen las respuestas y el segundo desde que el neocórtex recibe la primera información y evalúa el grado de peligro, como el tránsito en coche desde un punto A hacia un punto B.

En el primer proceso el vehículo se traslada en autopista, en el segundo por un camino secundario de montaña. Tales son en comparativa las dos velocidades de percepción y respuesta de nuestros cerebros.

Así es que cuando en terapia se trata a pacientes que sufren ataques de pánico, se busca ampliar mapas de forma tal de "agrandar o ensanchar" esos senderos de montaña para que sean más rápidos y ágiles en el procesamiento de la información, es decir que se busca interrumpir lo más inmediatamente posible el desencadenamiento de recuerdos emocionales a fin de que la neocorteza pueda cumplir su función lógica de frenar rápidamente el proceso iniciado. Es este proceso el que se acelera con el uso de las técnicas que le propongo.

El poder de los pensamientos

Ahora bien, si es así el proceso ¿por qué motivo dura tanto un ataque de pánico?

Decíamos que previo al ataque de pánico, la amígdala recibe una falsa información de alerta sostenida y comienza el circuito de respuesta de defensa ante un ataque que no es real, y aquí comienza a actuar un nuevo actor que hasta ahora no ha sido presentado: los pensamientos atemorizantes que actúan confirmando y reafirmando la existencia de una amenaza, con lo que consiguen no sólo mantenerla sino prolongar los síntomas.

¿Qué me está pasando? Para colmo de males estoy sola. Esto debe ser un ataque al corazón. Dios mío no puedo respirar!!!! Me voy a morir!!! No sé qué hacer!!! Tengo que salir de acá!!!, etc. Estos pensamientos entran en una espiral de la que ya no se puede escapar y sin la intención de la persona, van agravando los síntomas al aumentar el miedo, que aumenta la ansiedad, que aumentan los síntomas y así continúa con un círculo vicioso que al mantener el circuito de temor y ansiedad, bloquean las funciones del neocórtex.

Si bien la persona está buscando alguna alternativa de explicación a lo que está sucediendo, no se da cuenta de que con estos pensamientos está apagando el fuego con nafta.

"El miedo al peligro es diez veces más terrible que el propio peligro". Daniel Delfoe

Un nuevo participante

Mientras el individuo se encuentra preso en este círculo vicioso, la información está llegando al neocortex quien da la orden al tálamo de que anule los mecanismos de defensa iniciados porque no hay ningún peligro. Al apaciguarse los síntomas, el individuo va sintiendo la mejoría, baja el nivel de ansiedad y puede comenzar a pensar con más claridad.

Sin embargo esto no es todo. Dijimos que la amígdala es nuestra biblioteca de emociones, por lo tanto, también guardó el registro de lo acontecido. Y aquí voy a presentar a un nuevo núcleo del sistema límbico (aparte de la amígdala y el tálamo que ya conocemos) que es el hipocampo.

Así como la amígdala guarda un registro de nuestras sensaciones, paralelamente el hipocampo guarda un registro de cada una de las situaciones que las provocaron, de modo tal que emoción y situación quedan definitivamente "abrochadas". De este modo, por ejemplo, la emoción (amígdala) de haber leído nuestra primera palabra queda fijada junto al acto de leer un libro (hipocampo). Cada vez que veamos un libro (estímulo visual) sentiremos una agradable curiosidad que nos inclinará a hojearlo. Esta doble inscripción será la que nos dará la motivación para continuar leyendo y aprendiendo. El hipocampo cumple una función muy importante en el aprendizaje evolutivo y en su recuerdo.

Entendido este proceso, volvemos al ataque de pánico. Es por este mismo proceso, que el recuerdo de las emociones desagradables provocadas por los síntomas del ataque de pánico quedan "pegadas" a la situación vivida (donde nos encontrábamos, que estábamos haciendo, como sentíamos a nuestro cuerpo), de modo tal, que una pequeña taquicardia o apnea, será una señal-estímulo relacionada inmediatamente con el ataque de pánico, desatándose el temor y la conducta aprendida por el organismo: provocar un nuevo ataque de pánico.

La función de las técnicas que le enseñaré, es "despegar" emoción y situación, de éste modo, al anular la relación ya establecida, estaremos desaprendiendo a tener un ataque de pánico, garantizando que no se volverá a repetir.

Los síntomas

Hay acuerdo entre los profesionales de la salud en considerar que la persona sufre de ataques de pánico cuando, al menos durante el período de 30 días posteriores al primer ataque, tiene una gran preocupación de sufrir otros ataques o de tener consecuencias físicas como resultado del mismo. Además pueden aparecer nuevas crisis con igual o diferente intensidad y duración. La característica principal es el repentino surgimiento de miedo con molestias físicas intensas y deben darse el menos cuatro de los siguientes síntomas para ser considerado ataque de pánico:

- Palpitaciones, latidos cardíacos fuertes, taquicardia
- Sudoración

- Temblores
- Disnea, sensaciones de sofocación
- Sensaciones de ahogo
- Dolor o molestia precordial
- Náuseas, molestias abdominales
- Mareos, inestabilidad, sensación de desmayo
- Desrealización, despersonalización
- Miedo de perder el control o de enloquecer
- Miedo de morir
- Sensaciones de adormecimiento u hormigueo
- Escalofríos, sofoco.

Por culpa de la adrenalina!!!!!

Hablemos un poco de los síntomas.

Un síntoma es el aviso de su cuerpo a su mente de que hay algún órgano que no está funcionando bien porque en la mente hay un conflicto que no estamos resolviendo. Esto debe ser comprendido como un bucle. Hay un conflicto, o varios, a los que no estamos enfrentando. Esta auto-exigencia de negarlos ignorándolos es la generadora de estrés. Dicen Disen Dethlefsen y Dahlke en su libro "La enfermedad como camino"[2].... *Cada síntoma es un llamamiento a ver y comprender el problema de fondo. Si esto no se consigue porque uno, por ejemplo, no ve lo*

---

[2] "La enfermedad como camino" Disen Dethlefsen y Dahlke Edit.Sudamericana S.A. pg 107

que hay más allá de la proyección[3] y considera el síntoma como un trastorno fortuito de carácter funcional, las llamadas a la comprensión no sólo continuarán sino que se hará más perentoria.

El estrés es el desgaste que sufre un cuerpo al ser sometido a presión. Aceptando este punto de vista, que proviene de la física, nos encontramos que, el estrés que se autoinflige el ser humano y que acaba provocando un ataque de pánico o una enfermedad psicosomática, tiene un propósito y tiene un sentido. El propósito es poner en evidencia lo que no estamos resolviendo: la sobre-exigencia en forma de "presión", y el sentido, la necesidad de un cambio que aliviará la presión, que eliminará el estrés.

Haciendo un paralelismo con un coche ¿Se le ocurriría a usted no prestar atención a la luz roja que se prende frente a sus ojos y le marca que levanta la temperatura? Bueno, como comentario valga, que los seres humanos en general, ignoramos las luces rojas que nos avisan que algo no funciona bien en nuestro organismo, hasta que grita un poquito más fuerte y nos preocupa o asusta.

Como dijimos, ante un ataque de pánico nuestro cuerpo sufre transformaciones en su funcionamiento. Algunas de ellas son percibidas por nosotros, mientras que otras pasan debajo de nuestro umbral de conciencia, es decir, que no nos damos cuenta de lo está sucediendo.

Veamos las primeras ya que las reconoceremos con facilidad. Cuando el organismo detecta un peligro, fisiológicamente da órdenes al sistema nervioso central de que se defienda, el que, al

---

[3] Proyección se considera al hecho de "poner" en el cuerpo el conflicto.

igual que un ejército alista estratégicamente sus soldados. Ordena a las glándulas suprarrenales la producción de noradrenalina y adrenalina, hormona que se ocupa hiperactivar el sistema nervioso: aumentar la glucosa en la sangre, la tensión arterial, el ritmo cardíaco, dilatar la pupila, aumentar la respiración, paralizar órganos innecesarios para el momento.

La adrenalina "saca" la reserva de glucosa (poniéndola a disposición de los músculos para la huida o la lucha), ya que es su combustible, similar a lo que ocurre cuando hacemos un viaje: previamente llenamos el tanque de combustible para no quedarnos a mitad de camino.

No todas las personas sufren los mismos síntomas o con la misma intensidad, sin embargo la mayoría de ellos están presentes en un ataque de pánico.

Sensación de que el corazón saltará del pecho

La frecuencia cardíaca, cuya frecuencia normal es alrededor de 60 pulsaciones, aumenta a un promedio de 100 pulsaciones por minuto, lo que es percibido como si el corazón estuviera latiendo como caballo desbocado. Es lo mismo que sucede cuando recibimos un buen susto. Algunas personas sienten la taquicardia en el centro del pecho, otros en el cuello o garganta.

La adrenalina, responsable de este síntoma, hace que el corazón palpite mayor cantidad de veces a fin de llevar oxígeno y glucosa a los músculos, los que cumplirán una importante función en la huida o la defensa, de ser necesaria. Como consecuencia de todo esto sentiremos:

Sensación de falta de aire

Imaginemos a nuestros pulmones como una gran fábrica. Esta fábrica para poder producir necesita ingresar a su planta la materia prima, que para nuestros pulmones, sería el oxígeno que se consigue con la inspiración. Toda producción, manipula la materia prima hasta transformarla en el objeto deseado, en este proceso, se producen rezagos, sobras o excedentes o basura que la empresa debe eliminar. En el paralelismo con nuestros pulmones esto sería el anhídrido carbónico que se elimina a través de la espiración.

Como sabemos los pulmones inspiran y espiran y a ese proceso se lo denomina respiración. La función de la inspiración, como vimos, es la de recibir oxígeno que se transportara a través de las arterias al corazón que lo distribuirá a todo el cuerpo. Por otro lado el sistema venoso, recoge la basura celular, el anhídrido carbónico, y lo lleva a los pulmones para su expulsión a través de la espiración. Esto sucede de manera natural cada segundo de nuestra vida.

Ante un miedo intenso, motivador en este caso de un ataque de pánico, este proceso aumenta en intensidad, la adrenalina en nuestro organismo produce una hiper-aceleración que puede multiplicar hasta cien la actividad normal de nuestro cuerpo. Así es que el corazón debe llevar rápidamente mucha sangre cargada de oxígeno, por lo que el pulmón tiene que limpiar los glóbulos rojos cargados de anhídrido carbónico y cargarlos de oxigeno y enviarlos urgentemente al corazón para su distribución. Este proceso hace que la respiración se acelere y se acorte, como cuando estamos corriendo o haciendo ejercicios intensos. La intención del pulmón es facilitar oxígeno ante la demanda del corazón, sin embargo, esto no es gratis. Lo que en realidad consigue es producir una hiperventilación ya que al hacerse más corta y más rápida la inspiración, es menor la cantidad de oxígeno que ingresa al organismo, igualmente es menor la cantidad de anhídrido carbónico que se expulsa, es decir que se produce alteraciones en los gases sanguíneos. Como consecuencia la sangre se vuelve alcalina (cambia el PH por el desbalance entre oxígeno y anhídrido carbónico) esto significa que comenzaremos a sentir mareo, debilidad, falta de aire, opresión, malestar torácico, sensación de inestabilidad y sensación de ahogo.

Sensación de aumento de la ansiedad

Anteriormente hablábamos del valor de los pensamientos y su importancia al momento de sentirnos mal con los primeros síntomas. Vamos a considerarlos como conversaciones con uno mismo, por eso me gusta llamarlos como lo denomina la PNL: diálogo interno.

Cuando inicia un ataque de pánico, los síntomas invaden el cuerpo de modo tal que la sensación de malestar es percibida por la persona como algo muy grave, lo que hace que se repliegue en su interior, atendiendo a lo que pasa en su cuerpo mientras va chequeando los síntomas y haciéndose comentarios, como si relatara un partido, sobre las sensaciones que le provoca. Estos diálogos internos o pensamientos aumentan el miedo, quién hace crecer la ansiedad que a su vez intensifica los síntomas. *"El miedo agranda todas las sombras y los pensamientos le dan formas tenebrosas hasta hacer de la mente una sola sombra"*[4].

Sobre estos diálogos realizan el trabajo alguna de las técnicas que veremos, puesto que si puede cortar el círculo en el que le obligan a entrar, evitará el miedo y como consecuencia, la ansiedad disminuye.

Sudoración

Nuestras manos y, menos perceptiblemente, nuestros pies transpiran en un ataque de pánico debido al proceso desencadenado en nuestro cuerpo, del que ya hablamos: al trabajar para bombear mayor cantidad de sangre, el cuerpo produce aumento de calor y la transpiración cumple la función de "ventilador", de refrescar el organismo.

Temblores

Los músculos han recibido la orden del sistema nervioso central de contraerse ente una posible necesidad de huida, para ello, transformará la glucosa que la sangre le llevó en ácido láctico. Este proceso pone en tensión los músculos largos preparándolos para la acción, acción que no se produce, sin embargo el ácido láctico se fue acumulando, transformándose en una sustancia tóxica. La única posibilidad que tiene el músculo de eliminar esta toxina, es a través del movimiento, como consecuencia, surgen los temblores y en relación directa, la sensación de cansancio o agotamiento.

---

[4] Cita de la autora.

Miedo a perder el control

Se corresponde con la sensación a sentirse desbordado con respecto a su capacidad para enfrentar la situación debido a la percepción de falta de recursos. Este miedo está asociado con la sobre observación, es decir, "me desconecto de lo que pasa en el exterior para concentrarme en lo que está pasando en mi interior", como una manera ilusoria de controlar los síntomas del ataque de pánico o como escudriñando el momento en que el corazón deje de latir o me muera.

Necesidad de salir a un espacio abierto

Este síntoma está más relacionado con la necesidad inconsciente de salir del estado en que uno se encuentra y de encontrar ayuda. Este síntoma no está presente en la mayoría de los pacientes y según he podido observar, se relaciona más con aquellas personas que tienen tendencia a la claustrofobia.

Sensación de despersonalización o de desrealización

Otro síntoma que no es sufrido por todas las personas que sufren un ataque de pánico. Es percibido como si uno no fuera actor de su vida en este momento, la sensación es similar a estar viendo una película de uno mismo, como si fueran dos personas a la vez (despersonalización) como un distanciamiento con la realidad circundante (de realización). Son en realidad mecanismos de defensa psicológico por medio de los que la mente se distancia de la situación aterradora, buscando bajar la intensidad de los sentimientos.

Otras cosas que le suceden a nuestro cuerpo y que pasan bajo nuestro umbral de conciencia:

Dilatación de las pupilas

Aunque no nos podamos ver en ese momento, nuestras pupilas se dilatan con la finalidad de estimular nuestra percepción visual, es decir, de que podamos "ver" rápidamente el peligro que nos asecha o encontrar un lugar seguro, buscamos con los ojos la mayor información posible sobre nuestro atacante. Este mecanismo, que conservamos de nuestros antepasados, no es útil ante un ataque de pánico, pero viene en el paquete neurológico que nuestro miedo "desata".

Aumento de la presión sanguínea

El sistema circulatorio de los órganos imprescindibles para el proceso de defensa se ensanchan mientras que los vasos de los órganos innecesarios para la ocasión se contraen (cara, orejas, manos). Es por este motivo que nos ponemos pálidos ante un miedo intenso.

Aletarga el funcionamiento de los órganos no necesarios para la lucha

A nadie se le ocurriría ir al baño a evacuar en un momento de terror. La adrenalina causa que el aparato digestivo se "adormezca" para que use la menor cantidad de oxígeno posible y este pueda ser utilizado por los primeros actores de la defensa del organismo como es el cerebro y las extremidades.

Miedo o ansiedad anticipatoria

Sintética y didácticamente todo lo antes mencionado es lo que nos pasa ante nuestro primer ataque de pánico. Sin embargo, hay un nuevo síntoma que permanecerá latente hasta el próximo ataque. Estoy hablando del miedo o ansiedad anticipatoria. Hemos aprendido a tener miedo de los síntomas y de sus posibles consecuencias, miedo a que los ataques vuelvan a repetirse. El espacio entre el último y el próximo ataque se transforma en una espera angustiosa que presagia algo grave por venir.

Nuestra mente a partir del primer ataque ha desarrollado una capacidad desproporcionada de atención a las sensaciones corporales, que se manifiesta como una preocupación constante que lleva a la persona a temer a estar sola por si sobreviene otra crisis, que puede llevarla a realizar cambios en sus hábitos, en detrimento de su calidad de vida en todas sus áreas: familiar, laboral, de ocio.

Puede perder la libertad, al quedar presa de su miedo, lesionando la seguridad en sí misma, lo que le lleva generalmente a depender de otros. Se le dificulta trasladarse sin alguna persona adulta cercana. Ppuede perder la capacidad de cuidar a sus niños si queda sola en la casa, ni hablar de viajar a lugares más o menos lejanos o a asistir a delicadas reuniones. Su actividad laboral sufrirá un detrimento por llegadas tarde o faltas de atención debida a esa preocupación constante a un nuevo ataque. Lo mismo puede suceder en su vida social, su miedo a trasladarse sola puede hacer que evite los encuentros con los amigos y todo tipo de salidas y distracciones.

Lamentablemente, al estar pendiente de sus síntomas y el tratar de evitar un nuevo ataque con compañías contra-fóbicas lo que está haciendo en realidad es prolongar la agonía en una permanente espera, tal que, como profecía auto-cumplida, el nuevo ataque no se hace esperar.

Su atención estará centrada en su percepción de amenaza, por lo que uno de los elementos de los que ya hablamos, el estrés, irá en aumento haciendo realidad, lo que tanto se teme.

Mientras está atento a que no sobrevenga un nuevo ataque, sufrirá posiblemente contracturas musculares, dolores de cabeza y/o mareos como consecuencias de ellas, problemas digestivos, palpitaciones, insomnio y su consecuencia, la fatiga. Lo peor es que nunca se sabe cuando aparecerá otro ataque o si lo hará, situación que hace que el sufrimiento sea intenso y con la sensación de interminable.

Emocionalmente es una situación muy desgastante, tanto que sólo el que la sufre puede percibirla, es muy difícil que un familiar pueda hacerse a una idea.

Capítulo 3
ENTONCES ¿QUE HACER ANTE UN ATAQUE DE PÁNICO?

Como usted comprenderá a medida que vaya leyendo las técnicas que iré desarrollando, estaremos trabajando siempre con el funcionamiento del cerebro, para ello, le daré el mentado manual de instrucciones del cerebro.

Existen ocho reglas, provistas por la PNL, que conviene tener en cuenta a la hora de trabajar con nuestro cerebro:

1. **Todo pensamiento o idea causa una reacción física.** Basta imaginar que estamos mordiendo un gajo de limón, para que nuestras glándulas salivales comiencen a segregar mayor cantidad de saliva. Todos y cada uno de nuestros pensamientos nos afectan, tanto psicológicamente (cambiando estados de ánimo por ejemplo) como físicamente (cuando recibimos una mala noticia, sentimos un golpe en el estómago). Si somos el tipo de personas que vivimos muy preocupados, los cambios serán tanto psicológicos (mal humor, incapacidad de disfrutar, ansiedad) como físicos (sin nuestro órgano de choque es el estómago, primero sentiremos acidez para después de un tiempo terminar con una úlcera).

2. **Lo que se espera tiende a hacerse realidad.** Ante un primer síntoma que nos recuerde un ataque de pánico sufrido, estaremos esperando los siguientes. Hemos aprendido a tenerle miedo a las sensaciones que nos produjo. No le damos otra alternativa al cerebro más que "desatar el paquete completo" ya que estamos centrando toda la atención de nuestros sentidos en las percepciones internas, por lo que estaremos tan atentos a las sensaciones del cuerpo que generaremos tal nivel de ansiedad y estrés que no queda otra opción que un nuevo ataque. Lo que esperamos con miedo, tendemos a producirlo. Es una reconocida experiencia médica que cuando un paciente no cree en su cura o en su tratamiento, el tratamiento fracasa y no se produce la cura, habiendo empleado técnicas que otras personas utilizaron con éxito. Tal es el poder de nuestra mente. El ser humano es víctima de la realidad que crea con el poder de su mente.

3. **La imaginación es más poderosa que la razón.** Cuando pensamos estamos creando inconscientemente imágenes. Al comenzar los síntomas de un ataque de pánico estaremos visualizando el mismo ataque y sintiendo las mismas cosas que sentimos en el primero. Nuestros pensamientos dibujan la escena ya conocida de todo lo que nos va a pasar y el peso que esta escena terrorífica tiene nuestra mente es tal que anula cualquier pensamiento lógico del estilo: " ya a va pasar", " me tengo que tranquilizar", " esto no va a ser nada".

4. **Una vez que una idea ha sido aceptada por la mente inconsciente, permanece hasta que otra idea la reemplace.** Nuestra mente no elimina creencias sino que las reemplaza. Cuando pequeños creíamos ciegamente en la existencia de los Reyes Magos, al crecer nos hemos dado cuenta que son nuestros padres, por lo tanto, cambia la creencia de "los reyes magos existen" por "los reyes magos no existen". Usted ha leído, porque yo he tratado de transmitirle que un ataque de pánico se puede curar, sin embargo, con mi palabra no basta. Si mis palabras fueron convincentes al menos han sembrado la duda en su mente, y si duda, seguramente aplicará las técnicas que sugiero, entonces, comprobará que algo cambia. Es el momento en que la creencia de que usted va seguir teniendo ataques de pánico es cambiada por la creencia de que tiene capacidad y herramientas para que no vuelvan a suceder.

5. **Cuanto más tiempo permanece una idea, pensamiento o creencia, mayor es la resistencia a que se la reemplace por otra nueva idea.** Esta regla va de la mano con la anterior. Si usted que lleva meses o años soportando ataques de pánico, su resistencia a creer en mis palabras o en mis técnicas será mayor, de igual modo, tendrá generalizará esa resistencia, por el grado de frustración que lleva, a comenzar a trabajar con las técnicas. Esto sucede porque una vez que una idea ya fue aceptada (nunca me voy a curar de los ataques de pánico) tiende a permanecer firme en forma de hábito. Todo hábito es un aprendizaje repetido en el tiempo

que se automatiza, es decir, que se realiza bajo el nivel de conciencia convirtiéndose en una forma habitual de pensar o creer.

6. **Toda acción va precedida de un pensamiento.** Recuerde que son sus pensamientos de temor a un nuevo ataque los que prolongan sus síntomas. Si los queremos modificar tendremos que trabajar en los pensamientos o creencias que los sustentan y mantienen. Corremos, cuando en la noche vamos caminando por un lugar oscuro y escuchamos un ruido, porque pensamos que hay un peligro. Hay personas que creen que fumar las tranquiliza, es una idea inexacta, pero está allí formando una pauta fija de pensamiento que lleva a la acción de fumar. Creer que controlando la respiración cortaremos un ataque de pánico nos ayudará a vencerlo.

7. **Cada sugerencia llevada a la práctica disminuye la resistencia a sucesivas sugerencias.** Si usted lleva sufriendo ataques de pánico por bastante tiempo, como dije antes, tendrá resistencia a aplicar las técnicas que le estoy mostrando, no obstante, cuando aplique la primera y note algún resultado, la resultará mucho más fácil continuar probando las demás técnicas propuestas en este libro.

¿Recuerdan que habíamos hablado del veloz circuito amígdala-hipófisis y del lento circuitos hipófisis-neocortex? Para refrescarlo daré un ejemplo: imagine que hoy decidió salir sola a pasear por el bosque, mientras camina recuerda que anoche estuvo viendo un episodio de una serie policial en la que la víctima fue atacada en un parque. Decidida a no dejarse influir por la emoción que le despertó, comienza a observar a su alrededor: el cielo de un celeste intenso apenas surcado por una que otra nube, los árboles mostraban todo su esplendor en el verde brillante de sus hojas, el piso alfombrado de viejas hojas marrones, ya secas. La verdad es que se respira una paz muy grande. Siente una gran relajación. CRIK... De pronto el sonido de una rama rota la trae a la realidad. Agudiza sus sentidos, sus pupilas se dilatan mirando con gran atención a su alrededor, el pabellón auricular se mueve imperceptiblemente en dirección al sonido, su corazón comienza latir más fuerte... Se puso en marcha el veloz circuito amígdala-hipófisis.

Sus ojos buscan una explicación a su alrededor y se encuentra con un perro ovejero alejándose velozmente. Encontró una explicación al sonido que le aterró por un momento. Ahora le llegó a la información que el neocórtex necesitaba: un perro pisó una rama y la quebró. No hay peligro. Poco a poco la relajación, la paz y la tranquilidad vuelven a usted, que sigue caminando y disfrutando del bellísimo entorno.

El miedo es necesario en nuestras vidas, él nos alerta ante situaciones de peligro y ayuda a reaccionar ofreciéndonos las opciones de lucha o enfrentamiento, parálisis o huida y preparando nuestro cuerpo a la acción escogida.

Cuando sufrimos un ataque de pánico el miedo superó nuestro umbral de normal adaptación produciendo un bloqueo que impide pensar y actuar, lo que lo torna patológico porque limita nuestro normal funcionamiento.

¿Recuerda que habíamos hablado también de la función de la amígdala de recordar todas las emociones y del hipocampo de recordar todas las situaciones? Y también que cada y emoción y cada situación quedan pegadas juntas en nuestra memoria emocional?

Continuando con el cuento del párrafo anterior, el sonido de la rama al quebrarse, lo conectó o directamente con las escenas de temor vividas mientras observaba la serie en el televisor y la sensación de alerta inducida por el miedo ocupó toda su mente y su cuerpo.

¿Recuerdan que habíamos dicho que bastaba un estímulo (síntoma) para despertar toda la memoria emocional y situacional de un ataque de pánico? Cualquier tipo de estímulo ya sean visual o auditivo o kinestésico (es decir corporal o emocional) tendrá la capacidad de despertar el miedo que anticipa un nuevo ataque de pánico porque ha quedado grabado todo el contexto en su sistema nervioso como un nuevo aprendizaje.

Imaginemos un lugar cualquiera en el campo con un río cercano, las vacas que van a pastar por allí también irán a beber día tras día a ese río. De modo tal, que en el camino que tomen habitualmente, desaparecerá la hierba y se tornará en un sendero de tierra pelada, y así permanecerá hasta que descubran un nuevo camino y "olviden" transitar el anterior. Más o menos gráficamente este es el mapa del camino que siguen sus neuronas frente a un estímulo ya conocido. Es lo que denominamos hábito. "Automáticamente recorrerá el camino muchas veces andado, sin hierbas, para llegar al río". El miedo a un nuevo ataque es un aprendizaje, es nuestro cerebro el que lo creó, por lo tanto, al ser una construcción que nos pertenece, puede ser "demolida" en cuanto lo deseemos y nos encontremos con recursos.

¿Cómo? El miedo es hijo de la ignorancia, la función de este libro es informarle, es poner una luz en el habitat de la persona que sufre ataques de pánico para que pueda ver que lo que le pasa es una consecuencia de las elecciones en su vida, por lo tanto, modificando sus elecciones, el miedo desaparecerá porque ya no tiene sentido su existencia. Se puede actuar sobre lo que se conoce, no sobre lo desconocido. No cierre los ojos en la oscuridad, prenda la luz. Crea que usted puede cambiar porque:

"Si piensas que puedes o piensas que no puedes, estas en lo cierto". Henry Ford

La función de la psicoterapia y de sus técnicas, plasmadas en este libro es ayudarle a encontrar un nuevo camino que lo lleve a una respuesta diferente. Es decir, realizar un nuevo aprendizaje neurológico que le permita lograr un resultado diferente a través de desaprender asociaciones emocionales dañinas a través del aprendizaje de técnicas que llevan al bienestar.

Desde el momento de la percepción del estímulo por la mente, la reacción del cuerpo es inmediata y va aumentando en intensidad gracias a nuestro diálogo interno. La persona se da cuenta de lo que va a pasar cuando los síntomas han alcanzado cierta intensidad y llegan a ser percibidos, ocupando desde este momento toda la atención consciente.

Recuerde que usted ya sabe que de un ataque de pánico nadie se muere, y menos usted que ya ha pasado por uno al menos, que si bien es un mal momento, tiene principio y fin.

Antes de pasar a las técnicas quiero explicarle un mecanismo común en todos los seres humanos: nos conectamos con nuestras emociones mientras dirigimos nuestra mirada hacia abajo, recuerde que cuando besa entrecierra los ojos, igual que cuando llora o recibe alguna emoción. Lo mismo hace cuando tiene un ataque de pánico, mira hacia abajo para sentir los síntomas. A partir de ahora, al inicio de los síntomas, mirará a la altura de los ojos o levemente hacia arriba porque está necesitando tomar distancia con lo que le está pasando a fin de que termine. De paso, le permitirá recordar la respiración o cualquier otra técnica que elija aplicar.

Pasemos a las técnicas

Existen dos tipos de técnicas para terminar con los ataques de pánico:

Las técnicas interruptoras, de dos tipos, unas centradas en un síntoma y cuya función es focalizar su mirada consciente a su interior, a su respiración. Otras, concentran atención en objetos de su entorno.

Las técnicas generadoras de nuevas conductas que producen un cambio en el recorrido neurológico.

Las primeras cumplen con la función de hacer que la mente se ocupe de otra cosa que no sean sus pensamientos sobre todos los síntomas y lo que le puede llegar a pasar, estas "cierran la tranquera para que las vacas no lleguen al río".

Las últimas producen un cambio de conducta, estas "cierran la tranquera evitando que las vacas se acerquen al río por este camino, obligándolas a tomar otro". Cualquiera de las que elija cumplirá su cometido de acabar con sus ataques de pánico.

No es fácil, dirá usted. Coincido con Stephen Covey cuando dice: *"Debes practicar hasta que lo difícil resulte fácil, luego practica hasta que lo fácil resulte hermoso"*. Convendrá conmigo que todo proceso de cambio tiene un costo emocional. Al respecto, deseo compartir la experiencia personal de un icono de la hipnosis Milton Ericson para que comprenda que, hazañas tan comunes como aprender a caminar, son realmente epopéyicas para un niño, y, sin embargo lo logra y no sólo eso, olvida el esfuerzo y se queda con lo aprendido, como estoy segura lo hará usted, a partir de su experiencia con las técnicas que le propongo:

Dijo Ericson: *"Yo gocé de una enorme ventaja sobre los demás: tuve poliomielitis, quede totalmente paralítico, con una inflamación tan grande que incluso padecía de parálisis sensorial. Pero podía mover los ojos y mi visión no sufrió ningún trastorno. Me sentía muy solo, tendido en la cama sin poder mover otra cosa que los ojos. Estuve en cuarentena en nuestra granja, con siete hermanas y un hermano, mis padres y una enfermera. ¿De qué manera podía entretenerme? Tenía una hermanita que ya había aprendido a gatear; por mi parte, yo debía aprender a pararme y a caminar. Se imaginan con qué interés observé a mi hermanita mientras pasaba del gateo al aprendizaje de cómo pararse.*

Ninguno de ustedes sabe cómo aprendió a pararse. Ni siquiera saben cómo aprendieron a caminar. Tal vez piensan que son capaces de caminar en línea recta seis cuadras seguidas si no hay tránsito de peatones ni de vehículos. ¡No saben que no podrían caminar en línea recta manteniendo un ritmo uniforme! Ustedes no saben qué es lo que hacen al caminar. No saben cómo aprendieron a pararse.

Lo aprendieron extendiendo la mano y tirando desde ella. Esa presión sobre sus manos les hizo descubrir, por accidente, que podían asentar un peso sobre sus pies. Esto es algo tremendamente complicado, porque las rodillas ceden... Y si ellas se mantienen derechas, la que cede es la cadera, y los pies quedan trabados. Uno no puede pararse porque tanto las rodillas como las caderas ceden. Los pies se cruzan... Y pronto uno aprende que tendrá que armarse de coraje y esforzarse hacia arriba cuidando de mantener derechas las rodillas... Por una vez.

Cuando ya se ha aprendido eso, se debe aprender cómo mantener derecha la cadera. Para eso hay que poner mucha atención en mantener las rodillas y caderas derechas ¡y al mismo tiempo los pies bien separados! Ahora sí, finalmente, uno puede mantenerse parado con los pies separados, apoyándose en las manos.

Vino luego una lección en tres etapas. Uno distribuye el propio peso en los dos pies y una sola mano, ya que la otra no nos soporta en absoluto. Sinceramente una dura faena... que permite aprender a pararse derecho, con la cadera derecha, la rodilla derecha, los pies separados, y la mano derecha presionando fuerte hacia abajo.

Después de eso uno descubre como modifica el equilibrio del cuerpo. Se modifica el equilibrio del cuerpo sí uno da vuelta la cabeza, da vuelta el cuerpo. Hay que aprender a coordinar todas modificaciones del equilibrio del cuerpo cuando uno mueve una mano, la cabeza, un hombro, el cuerpo íntegro... Y después hay que aprender esto mismo apoyados en la otra mano. Entonces viene lo terrible: el formidable aprendizaje de alzar ambas manos y moverlas en todas las direcciones, dependiendo sólo de las dos sólidas bases de los pies, bien separados. Y manteniendo derechas las caderas... Derechas la rodilla, con la atención tan dividida que se puede reparar en las rodilla, caderas, brazo izquierdo y brazo derecho, cabeza, tronco. Y por último, cuando ya se contaba con habilidad suficiente, uno intentaba mantener en equilibrio apoyados en un solo pie.

Era un trabajo infernal. ¿Cómo es posible mantener el cuerpo entero, con las caderas derechas, la rodilla derecha, sintiendo el movimiento de cada mano, el movimiento de la cabeza, el movimiento del cuerpo, y entonces adelantar un pie y alterar así todo el centro de gravedad? Las rodillas se flexionaban... Y uno se caía el culo.!!! Pero se levantaba y volvía a intentar. Hasta que a la larga uno aprendía a adelantar un pie y dar un paso... Y eso parecía magnífico, así que uno lo repetía... Que bueno es!!

Luego del tercer paso, con el mismo pie que el primero, y allí ¡cata plum!!! Se iba al suelo. Llevaba largo rato alternar derecha-izquierda, derecha-izquierda, derecha-izquierda. Y ahora uno podía mover los brazos hacia adelante y hacia atrás, volver la cabeza, mirar a uno y otro lado y seguir caminando sin prestar la más mínima atención a *las rodillas derechas, las caderas derechas...*"[5]

El mensaje de Milton Erickson es que, si bien el aprendizaje puede ser dificultoso, como lo será en su caso, a la larga aprenderá si persiste; después de todo, ahora sabe caminar sin esfuerzo y no recuerda cuanto le costó.

Ahora piense lo maravillosa que será su vida sin el temor a los ataques de pánico una vez vencidos estos!!!!!!

1. *Técnicas interruptoras*

Estas técnicas trabajan abortando el camino iniciado por el sistema nervioso. Es como si en el ejemplo antes mencionado, cerráramos el campo y las vacas no pudieran continuar su camino hacia el río. Como consecuencia la hierba volvería a crecer y no quedarían recuerdos del viejo sendero. Su cerebro olvidará el circuito "ataque de pánico".

Para poder aplicar estas técnicas efectivamente, el primer paso es identificar cuando los síntomas van aumentando. En un primer momento se detectarán cuando ya se ha iniciado la mitad del camino, con lo que sólo se logrará bajar la intensidad de la crisis. Este logro y la satisfacción correspondiente quedarán grabados también en su cerebro. La próxima vez comenzará a detectarlo cada vez más pronto de modo tal que en poco tiempo la nueva respuesta aprendida le lleve al bienestar y no al ataque de pánico.

---

[5] Mi voz irá contigo- Sidney Rosen. Ed. Paidos Pag. 45

Hago la aclaración de que estas técnicas son útiles también en caso de nerviosismo o ansiedad por el motivo que fuere(hablar en púbico, exámenes, entrevista de trabajo, etc. Aplíquelas y notará cómo se va tranquilizando.

Entonces:

PASO 1. Detectar lo más pronto posible los síntomas y su gradual aumento.

PASO 2. Aplicar una técnica cualquiera de las mencionadas más abajo para detener el proceso iniciado por el sistema límbico y aprender cómo hacerlo la próxima vez, logrando resultados más inmediatos.

Técnica interruptora interna: Respiración

¿Recuerda que uno de los síntomas era la sensación de falta de aire y que éste se producía como consecuencia de la hiperventilación? Entonces, antes que el anhídrido carbónico, que implica falta de oxígeno, afecte al cerebro y haga que se desvanezca o se le afloje el cuerpo, es primordial llegar a controlar la respiración.

¿Cómo hacerlo? Supongo que mientras usted lee este libro está sentado, por lo que el primer paso es tomar conciencia de cómo está respirando en este momento. Seguramente su respiración es tranquila y abdominal, muy diferente a la respiración que tenía en el momento del ataque de pánico, que era muy superficial y seguramente utilizaba para realizarla subir y bajar los hombros y ensanchar el cuello.

Por lo tanto, el primer paso ante los síntomas que van llegando es notar la manera que está respirando y recuperar urgentemente la respiración habitual. Claro!!! Imagino que estará pensando, fácil es decirlo!!!!

Es verdad, si no sabe cómo hacerlo, será muy difícil, casi imposible en medio de un ataque de pánico, con la sensación de que los pulmones están sin aire, y el corazón saliéndole del pecho, cambiar la forma de respirar. No obstante, conocer y tener practicada la técnica le ayudará. Preste atención, practique varias veces al día a fin de saberla bien si sobreviene otro ataque. Son unos pocos pasos:

Ante todo deje de lado la necesidad de huir o salir de dónde se encuentra y busque dónde sentarse. Luego:

1. Suelte el aire que tiene en los pulmones lentamente como si estuviera soplando un globo. Piense que está eliminando toxinas y limpiando los pulmones y dígase a sí mismo SI!!! PUEDO. Probablemente no lo logre la primera vez que lo intente, pero siga persistiendo y piense que otras muchas personas lo consiguieron, usted no es diferente, sólo debe concentrarse.

2. Apoye sus manos sobre el ombligo y lentamente mientras cuenta hasta tres mentalmente, inspire mientras siente como su vientre va hacia adelante. No deben subir sus

hombros ni su pecho. El movimiento debe ser sólo abdominal.

3. Sostenga el aire mientras cuenta hasta tres.

4. Lentamente mientras cuenta hasta tres va soltando el aire (por boca o nariz, en este momento no importa) mientras siente en su mano como su vientre se acerca a su columna.

5. Nuevamente inspire lentamente, esta vez contando hasta cinco.

6. Sostenga el aire mientras cuenta hasta tres.

7. Espire suavemente mientras cuenta hasta cinco.

8. Inspire contando hasta siete.

9. Sostenga contando hasta tres.

10. Espire contando hasta siete.

11. Piense en una actividad gratificante para realizar en las próximas horas.

Normalmente con estas respiraciones, el ataque de pánico va desapareciendo. Esto sucede por dos motivos. Por un lado, dejó de prestar atención a los síntomas para centrar su atención a la respiración, es decir alejó sus pensamientos del miedo. Por otro lado, al recuperar el aire y con la consiguiente percepción de logro del control respiratorio, usted siente una mayor seguridad que

desplazará al temor, motivo por el cual los síntomas van a ir
desvaneciéndose hasta desaparecer.

Sólo con el uso de esta técnica usted puede lograr curarse de
los ataques de pánico en muy poco tiempo.

Ahora bien puede pasar que usted sienta que va a tener un
ataque de pánico mientras está caminando y no tenga ningún
lugar donde sentarse a mano, para poner en práctica esta técnica
que es muy evidente para los que le rodean. Por lo que pasaremos
a ver técnicas que pasan desapercibidas para las personas cercanas y
dan idéntico resultado, por cuanto cumplen el mismo fin que la
respiración. Son las técnicas interruptoras externas.

Técnicas interruptoras externas

A. Abecedario

Hay muchas leyendas sobre esta técnica, se cuenta que Bandler
y Grinder, creadores de la PNL, la inventaron con la finalidad de
enseñar a centrar la atención de los astronautas. Verdad o mentira,
no importa. Es sumamente eficiente cuando se inicia un ataque de
pánico y, al igual que la respiración, lo aborta en pocos segundos.

Cuando vimos el cerebro le expliqué que son tres en uno, esto
se puede ver en un corte vertical, si hiciéramos un corte horizontal
observaríamos que podemos visualizar dos hemisferios, izquierdo
que se ocupa funcionalmente del pensamiento lógico, secuencial y
en que "reside" la palabra, mientras que el derecho es el

emocional, aleatorio, y se ocupa de la expresión corporal a través del movimiento en el espacio y de la comunicación no verba. Hecha esta introducción comprenderá la manera en que esta técnica actúa. Decíamos que ante un ataque de pánico toma la supremacía el hemisferio derecho, el miedo actúa anulando las funciones del izquierdo, esta técnica funciona estimulando los dos hemisferios cerebrales a la vez, buscando que se equilibren. Por un lado activa el izquierdo, a través de la secuencia de las letras del abecedario, y por medio de los movimientos de las manos estimula al hemisferio derecho, devolviendo el equilibrio cerebral perdido, colocando las emociones al mismo nivel que el pensamiento lógico.

Paso a detallar la aplicación de esta técnica:

Usted observará que hay letras mayúsculas que se corresponden secuencialmente con las letras del abecedario, sin las consonantes dobles; y letras minúsculas (d, i, j) que se repiten sin ningún orden.

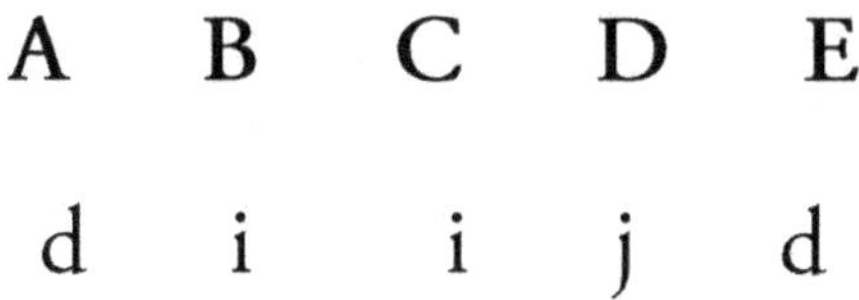

En estos dos renglones se puede observar lo que describí previamente. Las letras minúsculas se corresponden con la mano que debe levantarse al leer en voz alta las mayúsculas: cuando lee en voz alta A, levanta simultáneamente la mano derecha (d) y la baja, cuando lee la B, levanta la mano izquierda (i) y la baja, al leer la C vuelve a levantar la mano izquierda y la baja (i), al leer la D levanta las dos manos (j).

Esta técnica debe realizarse tres veces seguidas completa de una vez y sin equivocaciones. Si no lo logra, al notar que se equivocó, debe comenzar desde el principio (A).

Una vez que la pueda realizar cómodamente, aplicará la variable de realizarla de abajo hacia arriba, es decir: comenzará desde la Z hasta llegar a la A.

Cuando haga esto cómodamente, iniciará con A y al terminar seguirá con Z hasta que llegue al inicio (A) nuevamente.

Es probable que le cueste hacerlo las primeras veces, sin embargo el resultado que se logra le animará a seguir probando. Importante es no memorizarlo, ya que no cumplirá su función.

No aplique esta técnica sin haberla practicado antes varias veces con un bajo nivel de ansiedad para aprender la mecánica. Ante los síntomas simplemente tiene que leer y ejecutar el abecedario.

Esta técnica es muy útil en cualquier caso de ansiedad, como hablar en público, dar exámenes, hacer presentaciones, entrevistas, etc.

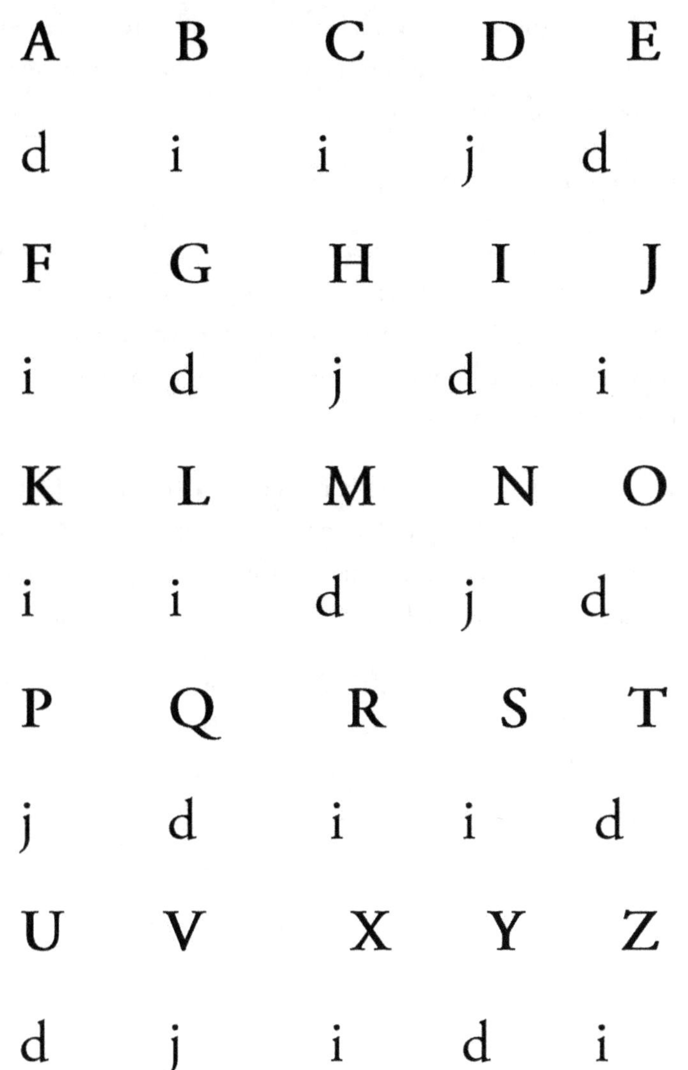

Me han comentado algunos pacientes que han reducido y plastificado el abecedario y lo llevan en un bolsillo o cartera y cuando creen que comienzan a sentirse mal, automáticamente buscan un lugar privado (como un baño) y la hacen, obteniendo resultados inmediatos.

B. Otras técnicas interruptoras:

La función de estas técnicas es centrar los pensamientos alrededor de una idea no relacionada con lo que le está pasando en este momento. Pasará de la atención centrada en su interior (en sus síntomas, sus miedos y sus diálogos internos) a prestar atención consciente a lo que le rodea.

Las técnicas que le sugiero a continuación debe aplicarlas en el momento en que están comenzando los síntomas, en el caso que no quiera poner en evidencia en público sus ataques de pánico. Puede hacerlo en voz alta o baja, de acuerdo a la circunstancia.

1. Tabla de multiplicar del 7, 8 y 9 de atrás para adelante, es decir, comenzando desde el 10 x 9. No importa si no las recuerda, sume o reste para conseguirlo. Mientras más le cueste mejor resultado le dará.

2. Operaciones matemáticas combinadas (sumas, restas, multiplicaciones y/o divisiones dan excelentes resultados).

3. Recitar el abecedario al revés (la consigna es que cuando se equivoque comience de nuevo).

4. Contar los números del 100 al 1 de dos en dos. Nuevamente, si se equivoca comienza de 100 tantas veces sea necesario hasta que lo haga bien.

5. Nombrar las provincias de su país. Si por su profesión o actividad las conoce, póngalas en orden alfabético.

6. Contar los coches estacionados por colores o marcas.

7. Contar los balcones de los edificios de la acera del frente.

8. Y tantas otras que pueda generar su creatividad.

2. Técnicas generadoras de nuevas conductas

Vamos a utilizar una capacidad de la mente por medio de la cual podemos "ver internamente" un objeto o una persona o una cosa aunque no esté presente, por ejemplo: cierre los ojos y visualice una copa. La mayoría de las personas, al igual que usted, puede ver con total nitidez el objeto en el que pensó.

A. Aplicación de recursos a futuro

La repetición de esta técnica de manera diaria es fundamental para que se produzca y afiance el nuevo aprendizaje, que cambiará el antiguo programa que le llevaba al ataque de pánico. Si usted es constante en la repetición, al llegar un nuevo ataque sabrá inmediatamente detenerlo, porque para su mente ya lo hizo muchas otras veces (tantas como noches lo haya repetido).

Esta técnica cumple la función de crear un nuevo circuito neurológico a través del desarrollo de nuevas habilidades.

Debe aplicar esta técnica todas las noches cuando ya se disponga a dormir, una vez que desconectó el televisor o cerró el libro que estaba leyendo y apagó la luz. El tiempo necesario para que dé resultados es entre quince y veintiún días continuos, sin interrupciones. Es una técnica fácil de aplicar y es muy poco el tiempo que hay que dedicarle. Unos dos minutos al principio serán suficientes. Con la práctica unos pocos segundos alcanzarán. A algunos pacientes les resultó más fácil la ejercitación si grababan los pasos en vez de tener que recordarlos.

Pasemos a la técnica:

1. Cerrando los ojos visualice una imagen en la que se observa a usted mismo en blanco y negro en el momento de tener el ataque de pánico. Vea el lugar donde se encontraba y lo que estaba haciendo cuando comenzaron los síntomas. Esto es importante: siempre **en blanco y negro**.

2. Obsérvese aplicando la técnica de la respiración que ya hemos visto. Vea como coloca su mano sobre su ombligo, como se adelanta cuando inspira contando hasta tres, vea como se detiene mientras cuenta hasta tres y observe cómo se va desinflando mientras espira lentamente contando hasta tres. Note que está controlando usted la situación.

3. Realice el mismo proceso mientras cuenta hasta cinco y luego hasta siete.

4. Vea como su semblante va cambiando a medida que los síntomas van cediendo y usted va recuperando la calma mientras la imagen, que está en blanco y negro, se va coloreando.

5. Observe esa imagen suya en colores, vea la satisfacción en su rostro al haber logrado vencer su ataque de pánico.

6. Dando un salto métase en la imagen, sienta la satisfacción que antes vio reflejada en su rostro, con todo su cuerpo. Y con esta sensación de satisfacción duérmase plenamente.

B. Desligar el circuito amígdala-hipocampo

Recordamos que la amígdala guarda la memoria de las emociones, mientras que el hipocampo de las situaciones. En cualquier situación traumática, estos dos recuerdos quedan ligados y, ante un estímulo reconocido, reaccionan en bloque. Convenimos que un ataque de pánico es una situación vivida de manera traumática. Esta técnica es muy efectiva para romper esa respuesta en bloque. Logrará vencer el miedo a un nuevo ataque.

Luego de su primer ataque de pánico, aplíquela como se ha indicado en la técnica A, es decir, todas las noches, durante un período de quince a veintiún días.

1. Del 1 al 10 califique la sensación que le produce recordar su ataque de pánico. Si la sensación es superior a 7, siga los pasos siguientes.

2. Imagínese sola, sentada en una butaca de un cine observando la pantalla.

3. Observe cómo va bajando la luz de la sala hasta que queda sólo la pantalla en blanco.

4. Ahora comienza la película, sin sonido, de usted antes de su ataque, lo que estaba haciendo cuando los síntomas iniciaron. Observe todos los detalles. Mire su rostro, su cuerpo, sus conductas hasta que el ataque acabó.

5. Ahora se levanta de su butaca y sale de la sala.

6. En el hall piensa en una canción muy alegre, que le traiga bonitas sensaciones, puede ser una canción de moda en el verano, la música del circo, pero es fundamental que al tararearla en su mente le cause sensación de bienestar o alegría. Tararéela al menos tres veces, todas las que sean necesarias para que tenga una sensación de bienestar, y con esa sensación en su cuerpo, vuelva a su butaca.

7. Sentada y tarareando mentalmente su canción, observe como vuelven a pasar la película de su ataque de pánico. Es importante que no deje de tararear.

8. Realice cinco veces el paso 7.

9. Ahora vuelva a pasar la película en silencio y vuélvala a evaluar de 1 a 10.

10. Si la sensación bajó a tres o menos, el objetivo ya fue cumplido. Si bajó muy poco, insista con el ejercicio hasta que baje su intensidad a 2 o 3.

La medicación

Si es usted de las personas que creen que el cambio viene de afuera, ya sea del médico, del terapeuta, o de los medicamentos, seguramente se apoyará en ellos de por vida para mantener bajo el nivel de ansiedad. Probablemente tampoco se sentirá responsable de lo que le sucede, ya que, en su mente, son los ataques de pánico algo que le viene solo, por lo que no puede tampoco hacerse responsable de que no le vuelva a suceder. En su caso la medicación se hace necesaria. No obstante, es importante que ponga en consideración que es usted quién crea el pequeño mundo en que vive y como consecuencia, el estrés que le está haciendo tanto daño, también fue usted quién determinó que allí estuviera. Ser responsable de su vida le da el poder de cambiarla para elegir el bienestar. Esto me recuerda un cuento recopilado por Jorge Bucay y que relata en su libro Cuentos para pensar[6]:

"Voy andando por un sendero.

Dejo que mis pies me lleven.

Mis ojos se posan en los árboles, en los pájaros, en las piedras. En el horizonte se recorte la silueta de una ciudad. Agudizo la mirada para distinguirla bien.

Siento que la ciudad me atrae.

Sin saber cómo, me doy cuenta de que en esta ciudad puedo encontrar todo lo que deseo. Todas mis metas, mis objetivos y mis logros. Mis ambiciones y mis sueños están en esta ciudad. Lo que

---

[6] Jorge Bucay -Cuentos para pensar- Edit.RBA Libros

quiero conseguir, lo que necesito, lo que más me gustaría ser, aquello a lo cual aspiro, o que intento, por lo que trabajo, lo que siempre ambicioné, aquello que sería el mayor de mis éxitos.

Me imagino que todo eso está en esa ciudad. Sin dudar, empiezo a caminar hacia ella. A poco de andar, el sendero se hace cuesta arriba. Me canso un poco, pero no me importa.

Sigo. Diviso una sombra negra, más adelante, en el camino. Al acercarme, veo que una enorme zanja me impide mi paso. Temo... dudo.

Me enoja que mi meta no pueda conseguirse fácilmente. De todas maneras decido saltar la zanja. Retrocedo, tomo impulso y salto... Consigo pasarla. Me repongo y sigo caminando.

Unos metros más adelante, aparece otra zanja. Vuelvo a tomar carrera y también la salto. Corro hacia la ciudad: el camino parece despejado. Me sorprende un abismo que detiene mi camino. Me detengo. Imposible saltarlo Veo que a un costado hay maderas, clavos y herramientas. Me doy cuenta de que está allí para construir un puente. Nunca he sido hábil con mis manos...

Pienso en renunciar. Miro la meta que deseo... y resisto.

Empiezo a construir el puente. Pasan horas, o días, o meses. El puente está hecho. Emocionado, lo cruzo. Y al llegar al otro lado... descubro el muro. Un gigantesco muro frío y húmedo rodea la ciudad de mis sueños...

Me siento abatido... Busco la manera de esquivarlo. No hay caso. Debo escalarlo. La ciudad está tan cerca... No dejaré que el muro impida mi paso.

Me propongo trepar. Descanso unos minutos y tomo aire... De pronto veo, a un costado del camino un niño que me mira como si me conociera. Me sonríe con complicidad.

Me recuerda a mí mismo... cuando era niño. Quizás por eso, me animo a expresar en voz alta mi queja: -¿Por qué tantos obstáculos entre mi objetivo y yo?

El niño se encoge de hombros y me contesta: -¿Por qué me lo preguntas a mí?

Los obstáculos no estaban antes de que tú llegaras... Los obstáculos los pusiste tú".

¿Cuántos y cuáles son los obstáculos que pondrá entre usted y la posibilidad de librarse de los ataques de pánico?

Las personas cuyo nivel de ansiedad es muy alto y ha fracasado en la aplicación de las técnicas de este libro necesitan bajarlo, ya sea por medio de tés o hierbas naturales, como Melisa, Valeriana, Tila, Pasiflora, Hiebaluisa.... o un ansiolítico suave que le recete su médico y que le permita la independencia de poder elegir la técnica que necesita en ese momento. Pero sólo como ayuda, y con la finalidad de des-cubrir los recursos que ya están en usted y que ha utilizado en otras situaciones. Luego, le sugiero que los abandone, siguiendo las indicaciones que le dará su médico ya que este tipo de medicamentos no se pueden cortar de un día para el otro sin consecuencias negativas.

Si usted pertenece al grupo de personas que comprende lo que le pasa y quiere ser artífice de su cura, le sugiero que deposite la fuerza en su capacidad de poder aplicar la técnica de su elección llegado el momento, y modificar la forma en que vive lo más pronto posible. Será doblemente efectivo por cuanto la decisión de no sufrir más ataques depende de usted, al igual que el resultado y, por otro lado, será un refuerzo positivo del que obtendrá más fuerza y confianza en su capacidad la próxima vez, si es que la hay.

Capítulo 4
EL ROL DE LA FAMILIA ANTE UN ATAQUE DE PÁNICO

"A Dios gracias mi pareja siempre está conmigo cuando tengo un ataque y cuando tengo miedo de que me pase".

"Mi familia ya está cansada de mí, ignoran mis temores y no hacen comentarios cuando les cuento lo que me pasa".

"Mi familia me escucha cuando necesito desahogarme, pero no me protege cuando les cuento mis miedos y siempre me apoyan en la búsqueda de soluciones y tratan de distraerme sacándome del tema".

La familia de las personas que tienen ataques de pánico en un primer momento muestra gran preocupación por el "enfermo", suelen acompañarlo en los ataques y en los temores a los ataques. Luego, una vez hecho el diagnóstico por el psiquiatra o psicólogo suelen tener distintos comportamientos que van desde la preocupación asfixiante que prolonga la duración de la enfermedad, el acompañamiento en los momentos críticos, hasta el abandono total de enfermo.

La conducta familiar en el primer caso poco y nada colabora con la cura por cuanto las crisis se transforman en un arma que usa el enfermo para manipular al grupo y tenerlos siempre a su lado evitando la salida de del trastorno y perpetuando la ansiedad para mantener constantes la satisfacción del beneficio obtenido a consecuencia de la crisis: llamar la atención de los que le aman para sentirse amado y apoyado. Estoy hablando de la conducta de dependencia, no del ataque de pánico. Esta postura prolongará inútilmente el estado de ansiedad y generará un nuevo problema, la peligrosa dependencia a y de terceros ya que como un círculo vicioso recibirá permanentemente la retroalimentación de que no tiene capacidad para salir de esto solo. Es el mismo efecto que se consigue con la dependencia a los medicamentos. La persona asume el rol de víctima y su entorno se lo facilita. El problema es que el papel de víctima incapacita a la persona para decidir curarse, ya que lo que le pasa no es su responsabilidad y se siente cómoda con la compasión ajena, aunque preocupada por "el problema". Las personas con estas características tienden a ser inmaduras emocionalmente, lo que les lleva a tener baja autoestima y a no confiar en sus capacidades. Necesitan ser sobreprotegidos y es lo que buscan y esperan de las personas que le rodean.

Los familiares en el segundo caso no comprenden lo que le pasa a la persona, no entienden porque le da tanta importancia ni cómo no hace algo para salir de esa situación, están abrumados por la dependencia del paciente y oscilan entre la culpa de no ayudarlo más de lo que lo hacen y lo enojoso que les resulta el proceso. Frases como "pon algo de tu parte", "no puede ser que sigas así", "le estas dando demasiada importancia", "no hay nada de qué preocuparse", "todo está en tu mente".... son comunes en estas familias. Lo que consiguen es que la persona se sienta más vulnerable, incomprendida y su ansiedad aumente.

El tercer caso refleja la conducta a seguir por la familia: contención, escucha, apoyo. Nunca sobreprotección.

Para poder comprender lo que le sucede a nuestro familiar ante un ataque de pánico, le daré un simple ejemplo. Supongamos que usted les tiene temor a las arañas. Está cómodamente sentado en su sillón viendo una película por televisión con la habitación a oscuras. De pronto, con el rabillo del ojo detecta algo que se mueve en la pared cercana a usted. En la memoria de su amígdala quedó grabado su temor a la arañas gracias a experiencias anteriores, ésta cree que es una araña, le avisa al tálamo, quien ahora hace que usted se levante inmediatamente en el sillón con taquicardia y agitación, alejándose del objeto temido. En este momento comienza a actuar el neocórtex a través de la información que le mandó el tálamo y decide prender la luz, notando que no es una araña sino una mancha en la pared. Ahora el corazón vuelve a funcionar normalmente, olvida el episodio y vuelve a ver tv. Esto que usted sintió en una fracción de segundo, la persona que está teniendo un ataque de pánico los siente durante al menos diez minutos. ¿Puede ahora comprender sus miedos? Apoye siempre a esta persona en la búsqueda de soluciones. Lo que le sucede no es jauja.

Unas simples reglas

1. Deberá tener en cuenta que un ataque de pánico no se anuncia y no tiene una causa visible. Aparece de golpe, sin avisar y se apodera de toda la persona. Literalmente la secuestra.

2. Jamás minimice el miedo o al paciente. El terror surge como consecuencia de la percepción de una real amenaza por el que tiene un ataque de pánico.

3. No lo deje solo mientras está sufriendo los síntomas del ataque. Recuerde lo leído. El ataque empieza de golpe, pero el camino de retorno a la tranquilidad y la calma lleva más tiempo.

4. Bajo ningún concepto permita que la persona cierre los ojos o mire hacia abajo. Dirigir la mirada hacia abajo conecta automáticamente con las emociones, cosa que en un ataque se debe evitar, es por eso que la mirada debe permanecer a la altura de los ojos o hacia arriba.

5. Háblele de manera pausada, aunque la persona no esté en condiciones de escucharle. Sugiérale que se siente y recuérdele los pasos de una respiración abdominal o diafragmática. Invítela a contar con usted en voz alta las inspiraciones y espiraciones. Mantenga la calma todo el tiempo que dure el ataque.

6. Si no lo puede controlar con la respiración, pídale que repita la tabla del 9 de atrás para adelante y golpee fuertemente las palmas (aplauda) en cada acierto como una medida distractora más.

7. Si esto tampoco da resultado, sugiérale salir a caminar. Háganlo con pasos rápidos y haciéndoselos contar en voz alta hasta que los síntomas vayan bajando de intensidad.

Cuando falla la razón ¿Qué decir?

Considere todo lo que rodea a un ataque de pánico como un remolino que se nutre del miedo y que genera gran inseguridad. Cuando le decimos a alguien "me imagino lo que sientes" lo que en realidad estamos haciendo es buscar crear empatía con esa persona imaginando lo que nosotros sentiríamos en su situación, para ello debemos buscar situaciones de nuestra vida en las que esos sentimientos o similares existieron. Si nunca sufrió un ataque de pánico, no tiene referencias y sus palabras suenan huecas.

Otra manera común de tratar de apoyar al ansioso es hacerle comprender por medio de la razón que ya está bien, que no le pasa nada importante, y que no volverá a sucederle, que se calme, que se quede tranquilo. Cuando la persona está atrapada en la prisión del temor, no puede escuchar otra cosa que sus atemorizantes pensamientos, nada razonable penetrará en su conciencia. Ese tipo de comentarios hará que se sienta más sola e incomprendida porque estaremos minimizando lo que le está sucediendo.

Entonces ¿qué decir? Frases de apoyo tales como "Lo estás haciendo bien", "Ya antes lo superaste y lo harás de nuevo ahora, faltan pocos minutos y acaba", "Expulsa el aire como si soplaras un globo, más lento, más lento". Guíele con los pasos de la respiración que ha leído en este libro. Pronuncie frases como estas, hágalo en tono bajo, apenas audible a fin de obligarle a poner su atención en lo que apenas puede escuchar para que pueda librarse de sus pensamientos de temor.

Capítulo 5

4 TIPS PARA NO TENER ATAQUES DE PÁNICO

1. Darse cuenta de cuánto estrés hay en su vida

Es probable que usted no se dé cuenta de que su cuerpo está tolerando altos niveles de estrés. Es muy fácil no percibirlo, y en el caso de hacerlo es muy fácil justificarlo: "Es que estoy ocupado todo el día", "estoy sola y tengo que hacerlo todo", "si no lo hago yo nadie lo hace"...

Lo peor de todo esto, es que realmente uno se adapta a las sobre exigencias que la vida cotidiana le plantea, y es más, siente un cierto sabor de triunfo al lograr superar los retos que el día a día le presenta. Hay sensación de vitalidad y de energía aunque al terminar el día siente el agotamiento en todo el cuerpo. No obstante, comienza el día siguiente lleno de fuerzas, con las pilas recargadas, y la rutina de siempre, y las molestias de siempre.

Delegue... es verdad que nadie hará las cosas como usted. No obstante al momento de los resultados, que importa más: que se haya logrado el objetivo o la forma en que se llegó a él. Tenga en cuenta la manera que le afecta a su organismo que se cargue de responsabilidades, y que por motivo de estas, se sienta cansado y no le apetezca disfrutar de una buena sobremesa con su familia. Y cuando se siente cansado ¿qué humor lleva? Y cuándo tiene ese humor, ¿como responde?, ¿tiene el control sobre sus emociones? Las personas que no pueden delegar, necesitan tener el control sobre todo lo que les incumbe, pero en realidad, en lo más profundo de su ser, tienen necesidad de sentirse necesitadas, imprescindibles, y esto esconde una gran necesidad de ser amados.

Tenga en cuenta, además, que en la vida hay cosas importantes y urgentes. Aprenda a distinguirlas y actúe en consecuencia. Lleve una agenda y anote las cosas importantes que debe cumplir y si le sobra lugar en el día, dé un orden a las cosas urgentes (la mayoría son urgentes porque fueron importantes y relegadas en su momento, así que demorarse un poco más puede no ser grave), por ejemplo: llevar el coche al ITV se torna urgente porque no lo hemos llevado cuando era importante hacerlo. No permita que las cosas importantes que dejó de hacer llenen su agenda de cosas urgentes, porque también le llenarán el cuerpo de estrés. Ni permita, por el mismo motivo, pasar por alto las cosas importantes porque le llenarán la cabeza, y la agenda, de cosas urgentes.

2. Darse cuenta de cómo afecta al cuerpo el estrés

Lamentablemente, esta necesidad de estar en movimiento, esta necesidad de de actividad constante, deja su huella en el cuerpo. Algún órgano, posiblemente el más débil, el que llamamos órgano de choque, es el que se resiste a que todo "esté bien" cuando nos mentimos, es el que nos obliga a tomar conciencia de nuestro cuerpo, es el que nos hace sentir molestos porque no podemos cumplir con nuestras tareas habituales de manera automática y nos obliga, gracias a su interferencia a hacerlo de manera consciente. Este órgano de choque puede ser cualquier parte de nuestro cuerpo, comúnmente, es algún órgano del aparato digestivo. No obstante, repito, puede ser cualquier parte del cuerpo y generalmente en depende de nuestros primeros aprendizajes familiares. "Cuando estoy nervioso me hincho igual que mi padre", " mi madre tenía ataques de pánico, sólo que antes no se les llamaba de esta forma, igual que yo", " cuando estoy demasiado nerviosa me deprimo. A mi madre le pasaba lo mismo", " no sé por qué tengo estos dolores de cabeza, a mi papá le solían dar cuando tenía mucho trabajo", " me han diagnosticado colon y irritable, como a toda mi familia… Y así podríamos seguir hasta el infinito.

Pero no importa, ¡siempre hay una pastilla mágica que nos alivia el síntoma, que le tapa la boca para que no se haga sentir! (dicho esto de manera irónica). El pobre órgano adormecido, se toma un descanso hasta que el efecto de la pastilla pasa y nuevamente alza su voz. Primero va a cambiar su forma de funcionar, dándonos ocasionales molestias, pero antes o después, este mal funcionamiento dañará al órgano y al sistema de manera irremediable.

No obstante, la mente, en su eterna sabiduría, nos dará avisos con esas primeras molestias (que la mayoría desoirá), luego le quedan dos opciones: o nos avisa con cambios emocionales, nos volveremos intolerantes, estaremos nerviosos casi todo el tiempo, con ataques de pánico, con crisis histéricas o simplemente enfermará el órgano haciendo que el sistema al que pertenece funcione mal.

3. Darse cuenta de cómo pensamos

La forma en que pensamos decidirá la forma en que nos deshagamos de estos molestos ataques.

A. *Soy responsable de lo que me pasa.*

Esta primera opción es la más benigna, un ataque de pánico es inocuo por cuanto no tiene consecuencias graves para nuestro organismo (si estamos sanos).   Si no lo tapamos con medicamentos, si podemos percibir que somos los autores pero también la cura, no pasa a mayores. Ya que al tomar conciencia de que estamos pidiéndonos más de lo que podemos dar, estamos en condiciones oportunas para cambiar nuestras exigencias, bajando de este modo el nivel de estrés de nuestras vidas. Consecuentemente: Adiós ataques de pánico!!!. Si soy responsable de mi enfermedad, también puedo ser responsable de mi cura.

B. *Soy una pobre víctima a la que le pasan las cosas.*

Esta segunda opción no es tan buena, puesto que una vez que el órgano enferma, el malestar es casi constante y sólo la medicación le ayudará a paliar las molestias.

Aquí se abren dos posibilidades: o fieles a nuestras creencias de que todo viene de afuera (nos enferman nuestras obligaciones, no podemos cambiar, la gente es así, las cosas se han dado así...) también la cura vendrá de afuera y comenzará el recorrido de médico en médico, probando medicamentos, esperando que estos últimos sean los que le cambien la vida. Cosa que no sucederá. Encontrará alivio en ellos. Solo eso.

La otra posibilidad es que luego de este recorrido, tome conciencia de que sólo eso no basta para salir de dónde se encuentra y lo combine con ayuda psicológica (hacer los ejercicios propuestos o sacar cita con un psicólogo) y entonces, sea usted el autor de cambios en su vida y en su salud. Esta postura combinada con la medicación, le acerca a la puerta de salida del los ataques de pánico.

4. Pase a la acción

Es su mejor opción, el principio del fin de los aterradores ataques de pánico es actuar. En este capítulo tres le di los pasos a seguir. No se resigne a sufrir. Tome el toro por las astas y dele a su vida el cambio que necesita para ser feliz, vivir en equilibrio y SANO.

Recuerde hacer ejercicio, si no le agrada ir a un gimnasio, camine, o nade, o saque a pasear a su perro todos los días al menos media hora, respire profundamente mientras lo hace y disfrute de lo que está haciendo.

Si ya tuvo un ataque de pánico, recuerde que lo está contando. Que nada grave le pasará porque nada grave le pasó antes. Que los síntomas no son más que cualquier conducta de susto potenciada. Sí, claro que son muy desagradables, al igual que las sensaciones al recordarlas.

Elimine definitivamente las sobre-exigencias. Haga lo que pueda y quiera, pensando en su salud en primer lugar. Aprenda a decir la palabra más saludable del mundo NO y a sentirse bien haciéndolo.

Disfrute de su vida. Disfrutar es el opuesto a preocuparse y sabemos que preocuparse es el primer paso hacia la ansiedad porque es todo dialogo interno y juicios.

Nunca más ciertas las palabras de Dickens "*El hombre nunca sabe de lo que es capaz hasta que lo intenta*".

www.ingramcontent.com/pod-product-compliance
Lightning Source LLC
LaVergne TN
LVHW010657200726
843507LV00011B/1918